Harmen van Straaten

Die Reise nach Timbuktu

Mit Bildern des Autors

ellermann

Tim mag die Badewanne sehr.
Er spielt, sie wär das große Meer.
»Na, Käpten Tim, wohin fährst du?«
Da macht Tim beide Augen zu:
»Heut fahre ich nach Timbuktu.«

Ein Eisberg links und rechts ein Riff
und mittendrin Tims kleines Schiff.
Doch Tim hat jede Menge Mut,
mit Tim an Bord geht alles gut.

»Na, so was, grüß dich, kleiner Mann!
Was fängst denn du hier draußen an?«,
ruft ihm ein Eisbär freundlich zu.
»Ich fahre heut nach Timbuktu!«,
ruft Tim. – »Nach Timbuk-was?
Das meinst du sicher nur im Spaß!«
»Oh nein«, sagt Tim. »Dort ist es toll!
Das Meer ist ganz mit Fischen voll.«
Tim klopft sich fröhlich auf den Bauch.
Der Bär denkt: Hunger hätt ich auch,
und fragt: »Du, ist das weit von hier?«
»Ach was«, sagt Tim,
»komm doch mit mir!«

»Timbuk-ich und Timbuk-du,
Tim fährt mit mir nach Timbuktu«,
singt Tim ganz leis und laut der Bär.
Und das Boot tanzt hin und her.

»He, sag mal, bist du blind da oben?«,
hört Tim zwei Pinguine toben.
»Sind dir die andern einerlei?
Jetzt mach schon Platz, lass uns vorbei!
Wir schwimmen grad nach Timbuktu.«

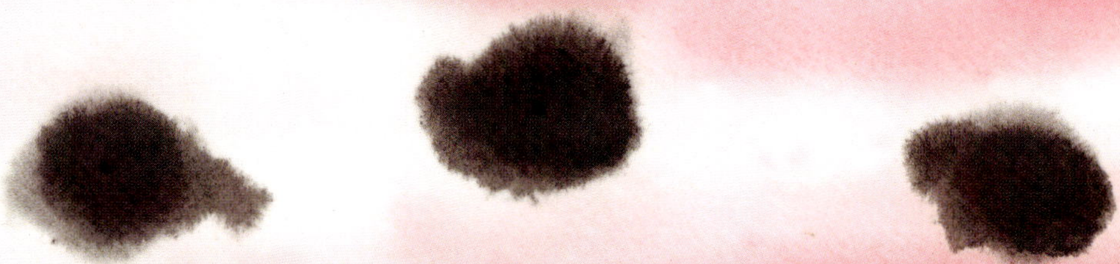

»Ihr auch?«, ruft Tim. »Dann steigt mal zu!
Das Wasser klar und weiß der Strand
und Palmen überall im Sand.«
»Ja, so was suchen wir genau.
Seit gestern sind wir Mann und Frau
und dies sind unsre Flitterwochen.«
»Kommt rauf, ihr zwei! Der Bär kann kochen,
ich bin der Chef und ihr seid Gäste.
Ich glaub, so ist es wohl das Beste.«
»Wir kommen gern!«, schrein sie sofort
und klettern – eins, zwei, drei – an Bord.

»Timbuk-ich und Timbuk-du,
wir fahrn mit Tim nach Timbuktu.«
So singen unsre Freunde heiter.
Das Boot fährt einfach ruhig weiter.

Da hörn die vier ein lautes Knallen
und der Motor ist ausgefallen.
»Schluss, aus«, ruft Eisbär, »Klappe zu!
So wird das nichts mit Timbuktu.
Jetzt sitzen wir hier erst mal fest.
Schau, dass du dir was einfalln lässt!«
Da taucht ein Walfisch aus dem Meer.
Er spritzt das Wasser weit umher
und fragt: »Na, wohin geht die Reise?«
»Nach Timbuktu«, sagt Tim ganz leise.
»Doch unser Motor mag nicht mehr.«
Der Wal sagt: »Fällt mir gar nicht schwer,
mit meiner Nase schnell mal eben
euch einen kleinen Schubs zu geben.«
»Hurra!«, ruft Tim und schreit: »Juhu!
Dann klappt es doch mit Timbuktu!«

»Timbuk-ich und Timbuk-du,
wir fahrn mit Tim nach Timbuktu.«
Sie tanzen jetzt und singen Lieder.
Und auch der Motor tuckert wieder.

»Schon beinah da!«, schrein sie beim Tanz.
»Ja, ja«, sagt Tim, »doch noch nicht ganz.
He, seht mal, was da vor uns fährt:
ein Floß und ein Pirat mit Schwert!«
Der brüllt: »Wo wollt ihr fünf denn hin?«
»Nach Timbuktu!«, ruft ganz laut Tim.
»Das ist die Stadt, von der ich träume:
aus Gold die Berge, voll Perlen die Bäume.«
»Potzdonner, ehrlich, toller Plan!
Ich glaube fast, ich schließ mich an.
Denn wisst ihr, Perlen, Gold und Geld,
das ist so Zeug, das mir gefällt.«

»Timbuk-ich und Timbuk-du,
wir fahrn mit Tim nach Timbuktu«,
singen alle wieder.
Und das Boot geht auf und nieder.

Am Himmel fliegt ein Pelikan.
»Ach!«, kreischt er laut. »Schau an, schau an!
Sag, Käpten, wohin fährst denn du?«
»Na, rate mal: nach Timbuktu!«
»Das«, ruft er, »liegt doch nicht am Meer!
Wo habt ihr die Idee denn her?
Timbuktu liegt tief drin im Land.
Und ringsherum:
nur Sand, nur Sand.«

Tim kommen ein paar kleine Tränen.
Der Seeräuber knirscht mit den Zähnen
und brüllt: »Nix Gold, nix Geld und keine Perle!
Ihr seid mir vielleicht schlappe Kerle!«
»Und keine Fische«, sagt der Bär.
»Denn Fische gibt's ja nur im Meer.«
Die Pinguine rufen laut:
»Und Sand ist schlecht für unsre Haut!
He, Tim, kennst du nicht noch 'nen Hafen?«
»Ich glaub, wir gehn jetzt erst mal schlafen.
Und morgen gibt's ein neues Ziel.
Mal sehn, ob jemand mitfahrn will.«
»Na dann«, gähnt noch der Wal zum Schluss,
»ruft an, wenn jemand schieben muss.«